POÈMES

POUR UN AUTOMNE

A. MANSAT

POÈMES

POUR UN AUTOMNE

DIDIER

4 et 6 rue de la Sorbonne

PARIS (Ve)

© Librairie Marcel Didier, Paris 1965
Printed in France

I

SAUTES DE TÊTE

HUMBLES

Grand-père paysan, qui peinas sur la terre
âpre de la Bredèche au maigre sarrasin,
et toi, hardi maçon, maître tailleur de pierre,
qui chantais en sciant le granit limousin,

lorsque vous reveniez des champs, de la carrière,
et que vous me preniez, le soir, sur vos genoux,
n'avez-vous pas rêvé de destinées plus fières
pour ce petit garçon qui descendait de vous?

N'avez-vous pas cherché dans ses yeux votre image
réfléchie vaguement dans ce vivant miroir,
songeant, tandis que vous caressiez son visage,
qu'il donnerait, un jour, visage à vos espoirs?

J'ai fait ce que j'ai pu pour exprimer vos rêves,
et j'avoue qu'en un temps j'en tirai vanité;
mais à l'heure où bientôt mon automne s'achève,
je ne vous continue qu'en mon humilité.

SOIR DE NOËL

Stoppant l'insane frénésie de l'essuie-glace,
je vois bientôt pleurer des coruscations
qui dégoulinent dans le ciel de Montparnasse;
des galaxies larmoient leurs constellations
rouges sur fond de suie; près de moi, rien qui vaille
un traître mot; rien, précisément rien, l'objet.
Mon corps prend au moteur un rythme qui travaille
bestialement; depuis quand n'a-t-on pas bougé?
D'autres que moi semblent prier en des postures
mécanisées; un motard fait une embardée
qui l'avance d'un rien sur le chemin de l'imposture,
de la terre promise à la terre accordée.
Les pilastres et les balustres que je forge
autour de moi, croulent et roulent en clinquant;
une noire laideur me coule dans la gorge
et vient tremper ce cœur que j'ai mis à l'encan.
Rase et nue, ressuscite ainsi ma lassitude
en ce soir de Noël où je ne crois à rien,
quand, d'un choc, je reçois contre ma solitude
ma femme, mes enfants, mes oiseaux et mes chiens,
et brusquement, le sang bat plus fort à mes tempes,
et mes yeux ne voient plus, dans la nuit, qu'une lampe...

L'ARAIGNÉE DU MATIN

Quelque part, tout au fond,
une araignée chagrine
tisse sa toile fine
sous mes yeux, sous mon front.

J'entends vibrer les fils,
sécrétés en silence,
qu'elle lance et balance
sur l'ouvrage subtil.

Inlassable, elle tend
sa gaze qui grésille,
et file une résille
de voile transparent.

Elle ourdit les rancœurs,
les blanches amertumes,
elle ajoure les brumes
qui montent de mon cœur.

Elle unit les fumées
des regrets et des peines,
les dernières haleines
des douleurs consumées.

Araignée du matin
qui tisses ma migraine
sur la trame et la chaîne
de lancinants chagrins,

noir rétiaire tapi
au nœud de mes souffrances
piégeant mes espérances
sans pitié ni répit,

de l'écheveau sans fin
que ma joie se dévide,
et, dans ton tramail vide,
tu vas crever de faim.

LE JONGLEUR

Huit reflets, ronds de cigarette,
torse cambré, monocle à l'œil,
au tiers de la scène il s'arrête
affrontant le froid de l'accueil.

Cependant qu'impassible, il lance
un jonc tressé à pommeau d'or,
il anime son ombre immense
découpée cru sur le décor.

Et dans ce cercle où le vertige
se complique inlassablement
d'objets entrant dans la voltige
et virant impeccablement,

sans doute sont-ce des manchettes
un cigare, un monocle, un jonc,
six cuillères et six fourchettes
qui, librement, tournent en rond.

Mais cette valse hétéroclite
et suprêmement calculée
tournoie en ombres insolites
sur un vieux fond d'âme éculée.

Il jongle avec ses joies, ses peines,
ses regrets, ses inimitiés
et ses amours à la semaine
où la victoire fait pitié.

Cette infaillible interférence
s'élargit concentriquement
sur une nappe de silence,
et tout le vieil accoutrement,

la vie, la mort entre deux rêves,
canne, chapeau, monocle, gants
comme un lasso, tournent sans trêve,
supérieurement élégants.

CI-GÎT FRANÇOIS CORDIER

Dans l'if du cimetière
a niché le verdier
au-dessus de la pierre
où dort François Cordier

Ce serait la même chanson
que pourrait chanter la palombe,
la charbonnière ou le pinson;
ce n'est pas la même chanson
que chantent le nid et la tombe.

Pourtant, l'oiseau fidèle
qu'enchantent ses travaux
revient battre de l'aile
la porte du caveau.

François Cordier était d'avis,
et c'était l'avis à la ronde,
qu'aucune vie n'était sa vie;
sa mort seule lui fut ravie,
ce fut la mort de tout le monde.

Quand le soleil des autres
apparaît au levant,
si le mien n'est le vôtre
pour qui suis-je vivant?

Nous n'entendons pas la chanson
que nous sommes là pour entendre;
nous pensons et nous dépensons
un bref éclair, et nous passons
quand la flambée retombe en cendres.

LE PRINTEMPS DES ÉTOILES

Mains entrouvertes, poignets joints, bras arrondis,
　　　derniers souffles, qui, par myriades,
　　　　　en un vertige de pariade
les soulèvent, lançant leurs envols enhardis.

Que pouvions-nous, sinon ce geste, en notre hiver?
　　　　Mais ce nuage de mouettes
　　　　　claquant leurs ailes qui se fouettent
en achève l'ébauche au dernier ciel ouvert.

Au genou d'Orion, Rigel d'azur géant
　　　　à son épaule, Beltégeuse
　　　　verront cette houle neigeuse
s'enfuir d'un univers qu'engloutit le néant.

Montent les vigoureuses au cœur palpitant,
　　　　et les faibles exténuées
　　　　s'écroulent en d'autres nuées
de planètes et de mondes s'exorbitant.

Et la mienne, mon pauvre oiseau trop méprisé,
　　　　sans grand espoir, et déjà lasse,
　　　　si peu qu'on l'épaule et l'enlace,
au printemps d'astres neufs emporte un cœur brisé.

PÉCHEUR À LA CORDE

Je le sais, je vaux pis que pendre,
et je dis à qui veut l'entendre
que la corde qui me pendra,
aura plus de valeur que moi.

Mais, puisque le bon Dieu accorde
à tout péché miséricorde,
cette corde qui me pendra,
au ciel on me la rendra.

Et du haut du petit nuage
où je vivrai, honnête et sage,
je jetterai mon nœud coulant
pour étrangler tranquillement

tous ceux qui, de mon vivant,
sans regret ni miséricorde,
ont tressé pour moi cette corde
à laquelle ils m'ont vu bavant,

tous ceux que j'aimais tellement!

JUDE

Si les corbeaux des blés sont des jacinthes noires
c'est qu'aussi le granit est le jade ou l'ivoire
c'est aussi que la bure est la faille ou la moire.
Si l'ordre est volonté, si l'amour est victoire
il ne sait plus pourquoi ces chocs contradictoires
feraient s'ouvrir au ciel tant de jacinthes noires.

CHACONNE

A l'assombrie de ma braconne,
je danserai ma vraie chaconne,
et puis, oust, allez, du balai!
pour l'embellie du vrai ballet.

HISTOIRE D'I

De tubéreuses belladones hamamélis
issue le basilic au coulant de ses veines
assaillie puis souillée de bave et de malice
aux pistils érigés du brasier des calices
elle se darde au feu purifiant des verveines
et se brûle les seins à la flamme des lis.

UNE FEUILLE TREMBLANTE

Bouches profondément baisées
et sauvagement écrasées,

corps offerts aux seins turgescents
tout gorgés d'amour et de sang,

mandragores les plus malsaines
à nos désirs les plus obscènes,

bêtes d'amour, bêtes de joie,
mangeuses de toutes les proies,

sourdes, mortelles turpitudes,
lourdes, charnelles servitudes,

à quoi sert d'éviter vos pièges,
d'exorciser vos sortilèges

puisqu'entre l'homme et l'animal,
le vrai, le faux, le bien, le mal,

la vertu, ce qui lui ressemble,
il n'est qu'une feuille qui tremble

MACHADO

Toutes misères endurées
toutes souffrances indurées
autour forcé de refuite en remise
pour une affaîtage sanglant
Machado en passant l'Albère
tient son cœur crispé dans sa main
comme un oiseau épouvanté.
Il en éprouve l'épouvante
exaspérante envers la tendresse inutile
flux incommunicable incapillaire effluve
jusant devant le flot de l'épouvante
déferlant et se diffusant,
depuis la main paralysée
comme à tout jamais refermée.
Que de l'ouvrir plutôt crever.

VOIR ET PEINDRE

Pour te souffrir mal rehaussée
de tes illusions printanières,
mais seulement nue, désossée,
charognant au fond des tanières,

Je ne me sens ton camarade
que de tes charmes décharnée,
démasquée de la mascarade
dont trois saisons tu fus ornée,

Montrant la corde et le squelette
dans tes dépouilles entassées
semblable à quelque énorme bête
morte à l'époque crétacée,

Laide à faire peur, et grotesque,
ainsi sans fard et dépurée,
tutélairement gigantesque
et proprement dénaturée.

Pourtant, tu le vois, mes pleurs coulent,
tu l'entends, ma gorge est nouée,
car aussi les pigeons roucoulent
et se renoue la renouée.

HOLÀ, STETSON...

— Holà! Stetson, ce cadavre que l'an dernier
tu plantas dans ton jardinet, sous de la mousse,
a-t-il poussé? — Tellement il pousse et repousse
    que je récolte à pleins greniers!

Car, plus riche en bourgeons qu'en prunes un prunier,
il foisonne et prolifère, par ces nuits douces,
tant et tant qu'il en pleut, à la moindre secousse,
    de quoi remplir plusieurs charniers,

de quoi remplir des myriamètres de suaires!
— Holà, Stetson, ordonnateur des ossuaires,
    que reste-t-il donc ici-bas?

— Hypocrite lecteur, mon semblable, mon frère,
les souffrances perdues gémissent sur la terre;
    on ne meurt plus seul, mais en tas!

LA GALÈRE

Les galériens du banc de nage
visent les têtes des serpents
et les queues ocellées des paons
des serpents qui vont s'ébrouant
et des paons qui s'en vont rouant
dans l'océan resplendissant
sans pour autant que ce carnage
y laisse une trace de sang.

Sous la galerne la galère
vogue à la vague de l'avant
de quel départ vers quel avent
sur des monceaux de paons rouant
et de reptiles s'ébrouant
dont les gros yeux éblouissants
de la chiourme se régalèrent
brasier d'or et bain de sang.

MIGRATIONS

J'envie l'anguille et la vanesse,
le springbok et le veau marin
et les voyages de jeunesse
des verts fossiles souterrains.

J'envie le faucon, l'hirondelle,
les deux pluviers, d'or et d'argent,
la calandre et la calandrelle,
le balbuzard et le harfang.

Et j'envie l'espoir prolifique
qui fait battre l'aile et le sang
en guidant sur le Pacifique
l'admirable fou de Bassan.

Moi, je suis la bête qui pense,
pense-bête et bête à penser,
bête à bon Dieu que récompense
la mort connue, pour compenser.

Moi, je suis venu bête immonde
surchargé de tous les péchés
que commettrait en moi le monde,
et, sans rien pour l'en empêcher,

une force active et perverse
contrarie mes pas effarés
sur les pistes et les traverses
de mes choix sans cesse égarés.

Eux s'en vont vers la permanence
d'un point fixé par leur désir
dans le temps, dans l'espace, une anse,
un arrêt pour se ressaisir!

Des envolées aveugles d'ailes
le soir, passent en bruissant,
et, sûr de sa plongée cruelle,
aboie haut le fou de Bassan.

PLUS RIEN

Il y aura un grand ivre renversement
      de la mer et des voiles,
et, du ciel basculé, tomberont les étoiles
      roulées inversement,

et les viornes des haies seront déracinées
et les grives, dans les rosées, assassinées,
les échos muselés, le monde, laissé seul,
amené dans l'immense filet du linceul,

      quand le faîtage tombera,
      quand la charpente cédera,
      quand l'huisserie se brisera,
      quand la maison s'écroulera,

      il n'y aura plus rien,
      plus rien, plus jamais rien
      de mort ou de vivant,
      rien d'éternellement,

      ni la nuit, ni l'absence,
      ni même le silence,
      le vide ou le néant,
      rien, négativement,

pas le moindre décombre,
l'ombre d'une seule ombre,
il n'y aura plus rien,
plus rien, plus jamais rien!

CORPUS DELICTI

Par champs d'azur et champs de neige,
jeune gueuse, alors mon souci,
cette guenille que voici
m'entraînait-elle, ou l'entraînais-je?

Depuis que ce combat m'engeance
aujourd'hui j'en sors en vainqueur :
Je remorque mon remorqueur
sur un sillage de vengeance.

Ahanante et poussive carne,
où sont tes bonds et tes élans
quand je te dis en rigolant
que tu finiras dans la Marne?

Je sors de ta décrépitude
la peau neuve et comme allégé;
Que ne ferai-je, dégagé
du fourreau de ma turpitude?

Quand tu mourras, de ta laide mort, comme un rat,
je ne serai qu'une idée pure de castrat.

L'ARBRE

Les trois racines de trois sources
s'entremêlent à se confondre
dès le plein tronc plus hybridé
que ne le sont les feuillaisons
car rien ne saurait empêcher
que venues certaines saisons
hêtre et frêne ne vivent plus
  qu'en des carcasses blêmes
fouillant noueusement le pin.
      Pourtant des trois
c'est l'adventice l'adventive
l'ombrageuse l'irrésolue
qui sans cesse croche aux pivots.
Et quand revient le temps des feuilles
dans cet arbre sans gentilé
autre qu'universellement humain
un friselis faséyant vert
ne laisse plus à découvert
      tout au sommet
qu'un fuseau de genévrier.
C'est alors qu'en des pariades
et d'imprévus accouplements
  les oiseaux s'entrecroisent
bruants et fringilles sans doute

comme les branches s'entrelacent.
On voudrait dans l'embrassement
discipliner ces emmêlées
savoir le feuillage et l'oiseau
et quel oiseau dans quel feuillage
savoir le pinson dans le frêne
et dans le hêtre le bouvreuil
et dans le pin le sizerin
surveiller l'ordre des couvées.
En vain. Du grouillement
jaillissent d'étranges éclairs
comme des fusées d'arc-en-ciel
aux variables dominantes
qu'il faut s'efforcer de saisir
de fixer et de reconnaître
siennes dans l'aile et le chant
hybrides par l'engendrement
par le triple enracinement
dans la tête le cœur et les reins.

SILENCE

Tout se tait maintenant; une grive s'élance
d'une laurière, et s'enfonce dans les roseaux.
Dans ce verger breton qu'une brise balance
seule s'entend la note perdue de l'oiseau.

Mon silence se mesure dans le silence,
y découvre son poids, et perce les réseaux
d'impénétrablement pures équivalences
que tissent dans la nuit d'invisibles fuseaux.

Mais j'entends que surgit et se presse en violence
un flot rageur de palabres et de parlances
à l'abée large ouverte au moulin de mes peurs.

Car j'ai rompu trop de silences et trop de lances
pour commettre aujourd'hui la suprême insolence
et pour crever d'angoisse en entendant mon cœur.

INTERFÉRENCES

Si je n'étais plus moi
ou que mon moi fût autre
je laisserais mitonner le temps
enfin longtemps longtemps
et laisserais tomber des petits cailloux
dans la mare commune
non pas seulement pour abuser
un canard et deux canes
comme naguère à Montfort-l'Amaury
au temps des étangs
mais bien sur l'étang du temps
pour faire des ronds dans l'eau
comme si peu d'autres
propager et mêler des interférences
des modulations de risées
qui n'en finiraient pas de mourir entre les roseaux.

NATION-DAUPHINE

Tous dans cette bouche engouffrés
d'où surgit une lente langue
aux mille papilles vibrées
mille et une en nous comptant bien.

Les mutilés des coins fenêtres
et les bons vieux du bon vieux temps
dormiraient sans que les pénètre
la latence des orviétans.

Esso omo napoléon
dubo dubon sans dubonnet
jaurès fabien les mitraillettes
l'espagne de franco porto.

Saute-ruisseaux et midinettes
potron minet potron minette
chiffonnent à main que veux-tu
les modesties et les vertus.

Tassés feutrés vous descendez
laides maisons plaines des flandres
jolie zazie veinard ça vient
un p'tit jet d'eau des musiciens.

Quelque seigneur de noble manse
dans son angle tout rencogné
rêve d'immenses transhumances
et jalouse ses braconniers.

Le jour est gris rome est ouverte
bonjour ça va et l'on s'avance
à mille et un vers cet abri
où l'on ne craint plus rien de soi.

QUAND JE TRAVERSE...

Quand je traverse à pas comptés
          la nuit vibrante
la route aussi compte mes pas.

Elle les compte à haute voix
               comme l'on compte
les moutons quand on ne dort pas.

Et je me force à l'écouter
               pour moins entendre
ma vie galoper devant moi.

MARRONNE

Pourquoi t'enfuis-tu, mon âme,
  loin de moi?
Quel autre corps te réclame,
  sous quel toit?

Pendant tous ces longs voyages
  je te suis,
des jours, des saisons, des âges,
  et des nuits!

Je te suis, insaisissable,
  et jamais
par quels pays et quels sables
  je ne sais!

Mais, où que tu sois, volage,
  sans asile,
je dis non à ce veuvage
  qui m'exile.

Car si jamais je demeure
  quand tu pars,
il faut, sans toi, que je meure
  quelque part.

Recru de toi, je m'efforce,
　　　chaque jour,
de contrarier un divorce
　　　sans retour.

Mais, dire que je regrette
　　　je ne puis
ton absence en cette bête
　　　que tu fuis.

Quand se dénouera ce drame
　　　hasardeux,
où donc serons-nous, mon âme,
　　　tous les deux?

L'AGE DE LA PITIÉ

Si ma canne me sert à marcher, et non pas
à cingler d'un coup sec les fleurs et les pétales,
à briser net l'élancement des digitales,
à fouailler les orties, et si je fais un pas

sur le côté pour laisser vivre un vermisseau,
et si, me reprochant de les tenir en cage
et d'aimer en mes mains à lisser leur plumage,
j'ouvre la porte au libre envol de mes oiseaux,

si je demande au chien non d'être beau, mais bon,
et d'avoir dans les yeux ce regard qui désarme,
si la mort de mon chien m'a fait verser des larmes,
si, quand j'ai fait du tort, je demande pardon,

c'est que l'âge est passé des cruelles alarmes
et que l'amour fleurit dans le cœur des barbons!

EN RELISANT « KING LEAR »

Créer l'art achevé, fruit d'une longue étude
où l'on nie l'enthousiasme au prix de la beauté,
et dont le but est la suprême platitude
que l'on nomme rigueur, harmonie, unité,

Calculer son bonheur, et repousser l'étreinte
de l'amitié, pour n'étouffer entre ses bras,
mesurer son   amour, le délaisser, par crainte
de le perdre, comme aussi pour ne s'y perdre pas,

tuer la fantaisie, taire le cœur, s'il jette
quelque cri malséant d'amour, de désarroi,
telle fut la leçon du divin musagète,
où la raison n'est que le masque de l'effroi.

La gloire d'Apollon, désincarnée, sereine
ne saurait s'exprimer qu'en de tristes péans,
quand des sens et du cœur la fureur souveraine
mêle la vie, l'amour, la mort et le néant.

O Roi Lear! O vieux fou, plein d'absurde largesse,
toi que tous les malheurs du monde ont désarmé,
non la raison, la déraison fait ta sagesse :
La sagesse est d'aimer, non de craindre d'aimer.

PERSÉPHONE

Or, c'est la fête des vendanges
en cet automne pourrissant,
sous un ciel aux teintes étranges
d'or bruni, de rouille et de sang.

Mais le décor a le vert tendre
d'un printemps autrefois connu;
cette mer, on croirait l'entendre;
ces oiseaux, d'où sont-ils venus?

Cependant, Hamlet entre en scène
et rit comme un épouvantail :
sanglant, aux portes de Mycène,
Oreste a fait tout le travail.

Et quand le fils a tué sa mère,
l'honneur se cherche un assassin;
les enfants vendus aux enchères
ont un boucher pour médecin.

Car il faut bien qu'on les ampute
pour que chacun s'écrie « hélas »!
C'est grand pitié qu'elle soit pute
puisqu'il faut venger Ménélas!

Que de morts-vivants aux vendanges
en cet automne finissant!
Et les seuls raisins qu'ils y mangent
ont un goût de pus et de sang.

Dans les vignes, leur impatience
et les grappes ont foisonné;
le vin bu dans l'insouciance
les a tous comme empoisonnés.

Mais que jouent ces énergumènes
sous leurs oripeaux déguisés?
Quelle farce informe, inhumaine,
aux vendangeurs paralysés?

Car ceux-ci ne voient plus la plaine
et les espoirs qu'elle choyait;
derrière eux sombre le domaine
où les pampres se déployaient.

Car leurs yeux dépassent la scène
et ses rampes illuminées,
où, devant eux, l'acteur obscène
rit de ses lèvres carminées.

Car leurs yeux, mouillés de tendresse,
voient le printemps, l'azur profond,
la mer, l'oiseau, qu'avec adresse
ils ont peint sur toile de fond.

Et ces mers, ces printemps qui mentent,
et ces cœurs qui battent si fort
n'empêcheront que la démente
Perséphone erre auprès des morts.

OPHÉLIE À L'OISEAU

Il est bien vrai que nul ne saurait le guérir.
Ophélie, dans ta main, le monde souffre et peine
à ce souffle qui fuit, et suspend son haleine...
Ophélie dans ta main cet oiseau va mourir.

Au tombeau du couvent s'il veut t'ensevelir,
c'est qu'il a vu l'horreur sous le masque d'Hélène
c'est qu'il détient aussi le secret de Silène :
n'être rien, n'être pas; vis si tu veux souffrir.

Cet oiselet mourra sans jouir de ses ailes;
entends-tu? c'est ton cœur, au bout de tes doigts frêles,
qui maintenant palpite en ce chardonneret.

Fuis, cours! Il n'est que temps! Qui ne lui donnerait
asile? Elle court! Elle fuit! pitié pour elle!
« Go to a nunnery! Go to a nunnery »!

LESSIVE

On a tordu les cœurs,
secoué les orages,
pressuré les rancœurs,
essoré les nuages,

exprimé les sueurs,
les pluies, les pus, les crasses,
les spermes et les pleurs,
les sangs et les eaux grasses,

et le drap blanc, tout blanc,
s'enfle sous les rafales,
dans le ciel nu s'étale,
et claque dans le vent!

LIBERTÉ

Elle n'est jamais aussi belle,
en dépit de ses navrements,
que lorsqu'elle est sous la tutelle
de l'oppresseur ou du tyran!

On peut alors mourir pour elle
puisqu'on ne peut pas vivre sans.
Elle nous porte sur ses ailes
plus belles rougies par le sang!

ABCÈS

Noyau de braise blanche, et qui flamboie sous l'ombre
d'une triple épaisseur d'anthracite luisant;
nuit comprimant le vol de lucioles sans nombre,
étincelles en gerbe aux voûtes se brisant;

feu d'artifice, où des fusées vertigineuses
heurtent le velours noir d'un ciel hallucinant,
se tordent d'impuissance en leur ardeur rageuse,
avortent sourdement en éclairs lancinants;

ou volcan ténébreux, plus ténébreux encore
d'emprisonner un nœud de flammes palpitant,
qui se convulse sur lui-même, et se dévore,
semble s'éteindre, et couve un répit inquiétant.

L'aristoloche élance et ferme sa corolle
sur un cachot d'éblouissante obscurité,
ou vrombit un bourdon qui s'épuise et s'affole,
et s'acharne aux parois de son dard irrité;

et, lorsque, brusquement, se rouvrent les pétales,
c'est un incendie noir qui flambe, à l'horizon,
sur une mer de plomb et de terne tantale,
un désert embrasé de métal en fusion.

L'océan rutilant qui brûle dans la brousse
rampe en langues de feu, s'ourle en lames de fond,
cernant d'un orbe d'or un noir qui se trémousse,
et, frénétiquement, frappe le balafon.

Tout n'est plus maintenant qu'ignition et fournaise;
une lave s'écoule en flots incandescents;
le tam-tam ralentit, s'affaiblit et s'apaise;
c'est au cœur replacé que vient battre le sang.

N'est-il aucun moyen pour s'alléger des rêves,
pour en poser, le soir, la besace et le faix,
pour débrider la plaie, faire que l'abcès crève,
et dormir dans la nuit du néant, dans la paix?

JE ME DIS...

Je me dis que les soleillées
des pinsons crieront les printemps,
et que, de noir appareillée,
ma nef n'attendra plus longtemps.

D'autres fruits que ceux que je cueille,
et pareils, se ramasseront,
et, dans les nuits au chèvrefeuille
d'autres amants s'embrasseront.

Je me dis que si la trompette
de l'enthousiasme reste sans voix,
la corne annonçant la tempête
sonne aussi pour d'autres que moi.

Sans doute, apaisé, taciturne,
pourrais-je vivre en écoutant
une seule harmonie, nocturne,
celle du cœur à cinquante ans.

Sur ce qui me reste de route
le coq va-t-il chanter trois fois?
Caligula est à l'écoute,
pour brûler Jeanne, on fait des lois!

LE SEPTIÈME SCEAU

Après la vaine quête aux lieux de la survie,
gisant aux galets durs des grèves ancestrales,
ma jument hennissant à ses sœurs boréales,
j'ai déjoué la mort aux échecs de la vie.

Et partout j'ai porté l'angoisse inassouvie,
et le feu dévorant que mon âme vestale
veille en elle, et désire éteindre aux eaux lustrales,
mais ne sachant du Ciel s'il est néant ou vie.

Lasse, je l'ai conduite au bûcher, au parvis,
interrogeant le prêtre et la fille infernale,
mais je n'ai pas reçu la réponse finale,
et la Mort a triché, sans donner son avis!

INSTANTS

Tournoyants, aériens et fugaces volants,
tourbillonnants moyeux, fuseaux virevoltants,
vilbrequins sans retour de mes prolongements,
navettes obstinées à tisser de l'avant,

toujours me permettant de devenir sans être,
instruments tous créés par moi pour mieux connaître,
irréversiblement, fatalement peut-être,
un destin dont je suis sensiblement peu maître,

outils d'un créateur qui créa son tourment,
si jamais, fatigué, il les laisse apparaître
comme immobilisés dans leur cheminement
et captifs médusés d'un substantiel paraître,

instants d'un irréel mouvant, somme du Temps
logique et nécessaire, puis-je vous méconnaître
quand je vous reconstruis, et puis-je compromettre
l'évasive réponse à mon éternel « Quand »?

ALAS, POOR YORICK!

Mort fier. Tué d'une balle au front, à Anzin.
Croix de guerre. Médaille militaire. Citations.
Henri Beauvoisin, mon ami, mon doux voisin,
                    mon vieux frère,
              quand on t'a tiré de la terre,
je n'ai pas vu, sur toi, de décorations!

Un sec squelette; et, seuls, un bridge aurifié,
une boucle de ceinturon, un bracelet
de fer rouillé ont permis de t'identifier,
                    front percé
              et toutes les côtes cassées,
et pour te rassembler, le jeu des osselets!

Tous les os de ton corps ont passé par mes doigts.
J'ai tenu ton crâne troué entre mes mains.
Je t'ai recomposé, proprement, et bien droit,
                    mais sans deuil,
              car j'ai fermé dans le cercueil,
Henri, ta mort d'hier, la mienne de demain!

.

JEU D'HOMME

Souvent, au cours d'un long voyage,
quand j'aperçois, sous leur clocher,
cois et benoîts, tous ces villages,
de mes mains je veux les toucher.

Lorsque j'entends dans le silence
ma plume et la nuit grésiller,
je sens, dans mon cœur qui me lance,
tous les autres cœurs brasiller.

Se vouloir le miroir du monde
afin de le parodier,
le foyer de la boule ronde
pour la faire s'irradier,

ce n'est là qu'un jeu qui m'amuse,
un jeu d'homme, un jeu curieux,
dont je me targue, et qui m'abuse
au point de le prendre au sérieux.

PROPOSITION 17
(SCOLIE)

Si le chien aboyant sur terre
se comparait au Chien stellaire,
Dieu risquerait de se connaître
en l'image même de l'être.

Ô Spinoza, ivre d'un Dieu
parfaitement géométrique,
et finalement odieux
par terreur anthropomorphique,

c'était en toi qu'il existait,
c'était toi seul qui le créais,
car l'idée de Dieu n'est ancrée
qu'en le seul esprit qui la crée.

CIEL DE GLOIRE

Gloire aux martyrs, qui ont martyrisé.
Gloire aux vaillants, par qui se font les lâches.
Gloire aux forts, par qui les faibles ont pleuré.
Gloire aux héros!

Gloire à ceux qui sont morts, pieusement c'est une autre Histoire
en criant Vive quelque chose, qui est mort aussi,
et qui valait plus ou moins de vivre, ou qu'on meure.
Gloire aux héros!

Gloire aux soldats, connus ou non, à qui l'on dresse
des monuments où les vivants viennent porter des fleurs,
car ils sont morts, comme on l'a dit, dans une juste guerre.
Gloire aux héros!

Gloire à Untel! Souvenez-vous... n'oubliez pas...
vingt ans... contre ce mur... un soldat ennemi...
oh! myosotis fanés, forget him not, vergiss ihm nicht.
Gloire aux héros!

Gloire aux héros de la bonne histoire Lavisse,
à Guynemer abattu en plein ciel de gloire,
comme à tous ceux tombés dans la nuit, dans la boue.
   Gloire aux héros!

Gloire à l'honneur, à la souffrance, au sacrifice,
applaudis dans l'arène aux éclats des fanfares.
Morituri, hoc habet, et pollice verso.
   Gloire aux héros!

Gloire aux bons ouvriers de notre première heure,
car leur sang fut l'engrais de nos belles moissons
et leur foi, le levain du pain que nous mangeons.
   Gloire aux héros!

Gloire aux clairons! Sonnez, clairons et mots-clairons!
car, demain, rouleront tous les tambours en berne
pour les vainqueurs vaincus, les drapeaux oripeaux.
   Gloire aux héros!

ALBUM ANCIEN

Quand je relis mes vers d'antan,
les vers que j'écrivais en khâgne,
et même entre vingt et trente ans,

je m'y vois battre des campagnes
où ma belle âme, tout le temps,
se choisit la Mort pour compagne!

Car, bien qu'alors Paul Valéry
fût le prince élu des poètes,
et que, chaque soir, dans mon lit,

j'eusse la Parque sous ma tête,
je lisais Musset et Vigny
Lamartine et le vieux Prophète.

Si j'étais fier de vers abstraits
où le sentiment se dérobe
sous des mots hautains et discrets

et sous une syntaxe improbe,
j'écrivais aussi, en secret,
des poèmes sur une robe,

sur un parfum, sur un émoi,
et sur les amours éternelles,
où l'autre est moins aimée que soi,

et sur les amitiés fidèles,
sur les saisons, et sur les mois.
Mais à chaque saison nouvelle,

je mourais, le cœur ombrageux,
écrasé sous les coups funestes
d'un destin sans cesse outrageux;

et si j'enrageais, comme Alceste,
aux mains des femmes d'être un jeu
c'était, pourtant, d'un pied fort leste

que je m'enfonçais au désert.
Je disais les feuilles tenaces
arrachées par le vent d'hiver,

comme aussi les pas qui s'effacent
sur le sable, au bord de la mer,
sous des cieux pesants de menace!

Et j'allais à tous les séjours
avec une tristesse avide,
et c'était le temps de l'amour,

le temps des rêves impavides,
le temps ou la vie et les jours
n'ont pas encor laissé de rides.

J'ai donc bien chanté mon Avril,
et, par avance, mon automne,
en vers inquiets et puérils

que je relis, et qui détonnent.
J'ai peu changé, me semble-t-il,
et peu mes vers. Pourtant, m'étonne

cette hâte mise à mourir!
J'ai gagné l'âge où l'on radote
sur le passé; mais l'avenir,

je l'ai mis dans une cagnotte
et, prudemment, je le grignote,
et remâche mes souvenirs!

MERLE À L'AUBE

Déchirant, le sifflement du merle fuit au loin;
mais l'espace en cristallise les épouvantes,
le temps y pétrifie ses minutes mouvantes,
et l'angoisse y sûrit avec le jour qui point.

Le voile d'illusions se transforme en linceul,
l'horizon s'ensanglante aux regards qui s'effarent,
les corps désemparés et déçus se séparent,
et le monde se sent désespérément seul!

VOYAGE

Sur la route de Paris à Loung Avel
engoule le vent de la pointe de Bretagne
qui dans l'odeur du goémon porte le chant de l'alouette
où je suis aujourd'hui car demain
la route que je prendrai
elle aussi voie de la liberté
non que je sois le seul à la prendre
mais je la prendrai seul
j'ai vu ce que tout le monde peut voir
sans éprouver le besoin de le dire
une femme enceinte au Gibet
une autre à l'Espérance
et celle-ci de l'Espérance
était monumentale
avec un ventre comme le dôme du Panthéon
et des seins comme les poivrières de la Conciergerie
des enfants rouges des enfants bleus et des blancs
et des hommes au loin
semblables à des fantômes
surpris au chant du coq
un bossu un boiteux peu après Vitré
en entrant en Bretagne
un cheval qui se frottait la joue contre un pommier
des vaches vers le soir qu'on venait traire au pré

et comme on approchait du quatorze juillet
  des banderolles
     avec des cœurs pendus et tristes
en travers de rues qui ne m'ont rien laissé
    parfaitement incommunicables
  des lignes raides et tendres
      de peupliers et de bouleaux
  des entrevues
  car nous roulions très vite
  et mon fils auprès de moi
  allumait mes cigarettes
    en tirait quelques bouffées
et quand il me les tendait
   il se penchait mollement
  et je voyais dans le rétroviseur
    sa joue ronde et dorée
s'enfoncer aux creux rêche et tanné de la mienne
  et chaque fois il y avait une embardée
conclue à réméré et par personne interposée
  à la boucle suivante
    par une voiture écrabouillée
  comme tant de papillons et de hérissons
    et même d'oiseaux
  et de bête innommables
    tellement écrasées comme à plaisir
  un peu de sang rouge
    et beaucoup plus de jaune
  en larges éclaboussures étoilées

d'hallucination en hallucination
de flaques lumineuses avalées
c'est là ce que j'ai vu
             et que tout le monde peut voir
et beaucoup plus encore
             sans éprouver le besoin de le dire
alors que partout et toujours avec moi
j'emmène ce petit robot mélancolique
qui joue au jeu dans le vide de l'imagination
qui cherche à tout rejoindre
             et n'atteint jamais rien
qui enroule passionnément sa pellicule
             et la déroule avec ennui
et il faut bien l'avouer aussi
ce besoin je l'éprouve avec intensité
             car j'ai le don des larmes
n'étant pas fils de roi.

AUTOMNE

Il est temps de cueillir mes pommes
et de récolter mes raisins,
pour ne vivre, comme un pauvre homme,
de gruau et de sarrasin.

Car je vois filer les nuages
vers l'arche d'un terne horizon
que coupent, déjà, les passages
de grands vols d'oiseaux qui s'en vont!

Bien que je croie mes pommes belles
et mon vin digne d'être bu,
je ne puis monter à l'échelle
et voûter mon dos courbatu.

Il est trop tard et les jours glissent;
je suis trop vieux, il n'est plus temps.
Déjà les feuilles se flétrissent,
les fruits n'en ont pas pour longtemps!

Je suis las, et ma lassitude
laisse la récolte au voisin.
Après tout, j'ai bien l'habitude
du gruau et du sarrasin!

II

SAUTES DE CŒUR

QUAND MON REGARD...

Quand mon regard s'enfonce et se fixe en le tien,
mon amour, ce n'est pas seulement qu'il s'y mire
ou qu'il y draine et drague en pépites l'espoir,

c'est aussi qu'il s'aveugle à tant d'autres visages
accrochés aux lointains flottants du souvenir,
pétrifiés dans la mer profonde des noyades,

fantômes délavés transparents dans les flux
tristement acharnés à refuser l'absence
et qui n'auront la paix qu'avec moi, dans la nuit.

LA GRÂCE

De brève fugace incandescence
il est toujours un instant du jour
de la nuit de la vie de l'amour
de braise écarlate évanescence
il est toujours un instant du jour
où fulgurent de miséricorde
les vieux mots usés jusqu'à la corde
tous les jamais et tous les toujours
les adieu les au-revoir bonjour
et les je t'aime
un rouge instant du plus humble amour
pour un poème.

LE GENÉVRIER

Quand le jusant de l'ombre a quitté la bruyère
et que l'aube pâlit le front du chevrier,
une vapeur s'élève aux creux de la charrière
et rampe sur la lande, où le genévrier,

secouant la filoche accrochée à ses branches,
se hérisse, s'ébroue et tressaille d'espoir,
puis, ruisselant de perles bleues, de perles blanches
vers le matin naissant étire son fût noir.

C'est alors qu'entrouvrant le sûr rempart d'épines
et laissant la couvée palpitante, qui dort
à l'abri des cruels hasards et des rapines,
au soleil, le loriot gonfle sa gorge d'or.

Puissé-je ainsi longtemps trouver une joie neuve
à garder mon amour du brouillard qui m'atteint,
et, taisant de la nuit les peurs et les épreuves,
le sentir palpiter en moi, chaque matin.

CHANSON POUR MON CŒUR

Sourd dans ma poitrine insonore
nul n'entend battre le battant
de la cloche qu'à chaque aurore
moi seul entends, moi seul entends!

Libre dans ma poitrine opaque
nul n'aperçoit la cloche ailée
à laquelle l'ultime pâque,
donnera l'ultime envolée.

Je l'entends seul, moi seul l'écoute,
moi seul je sais comme elle bat,
pour mes bonheurs le branle-toute
pour mes malheurs le branle-bas!

Moi seul frémis à son coup d'aile
et moi seul vibre à son ballant,
quand l'espoir, fût-il le plus frêle,
la soulève d'un seul élan!

Ô cloche ailée, cloche battante,
faite d'un airain sans défaut,
Ô vibre et vole, haletante,
vibre très fort, vole très haut!

Plus haut, plus fort! toujours plus vite!
d'un vol fou, d'un rythme exaltant,
car, le moment que tu me quittes,
moi seul l'attends, moi seul l'attends!

TEL À LA VOIX...

Tel à la voix l'écho et la pierre à la fronde,
    chaque gamme à chaque degré
la simagrée d'amour est un friselis d'onde,
    le regret d'un cœur émigré.

Quel est l'espoir? Une jeunesse vagabonde
    ne retient pas, pour son seul gré,
du baril usagé d'où s'échappe la bonde
    un vin franc qui s'est vinaigré.

Au calice fané quand ne revient l'abeille,
    quand l'oiseau sous l'aile sommeille,
que l'amour soit alors sous le deuil replié;

et si le fruit trop mûr pourrit sur l'espalier,
    si le raisin meurt sur la treille,
soient à jamais le suc et le miel oubliés.

L'OMBRE

Ensemble si longtemps, si longtemps confondus,
Quelle tentation d'unité me harcèle
Quand je te cherche aux lieux où la nue s'amoncelle,
dans l'ample effacement des horizons perdus?

Car si jamais nous ne nous sommes attendus,
c'est qu'au zénith, au plus radiant de l'étincelle,
le même feu nous unissait, sur la parcelle
d'éblouissant soleil où nous étions rendus.

Un soir, tu m'as doublé, pour t'allonger de toute
la dérisoire invraisemblance de mon doute
et des vains abandons où je me suis complu.

Fidèle obstinément, comme un chien superflu,
je t'ai chassée, tu m'as suivi sur les deux routes.
Mais, dans la nuit, demain, je ne te verrai plus...

COLOMBE AU MIROIR

Colombe, qu'abuse au miroir
une compagne décevante,
et dont la plainte emplit le soir
de tant de langueur émouvante,

te faut-il aimer tout l'été,
dans ta cage, sur ma fenêtre,
ce mensonge ainsi reflété,
et ne jamais te reconnaître?

Es-tu vraiment si malheureuse
en ta dérisoire effusion?
Ne te sais-tu pas amoureuse
d'une trop consciente illusion?

Dans l'enivrement acharné
de toi-même, tu te lamentes
sur un amour désincarné
dont ta solitude s'enchante!

Mais la folle ardeur qui te hante
se consume en désirs morts-nés!

FÊTE

Holocauste d'azur! Limpide hostie sacrée!
Mélancolie nocturne au seul Dieu qui recrée!
Orange d'amertume à la proue consacrée!
Apaisement des soifs à la conque nacrée!

Cathédrale, ô vaisseau! le ciel est d'allégresse!
S'y balance à jamais de mon cœur l'ostensoir!
L'aigle fou de mon rêve y quête, en folle ivresse,
la proie de cet amour regagné chaque soir!

NAISSANCE

Du noyau vif d'une souffrance
pourpre impure, s'est écoulée
une pure et pourpre espérance
accouchée seule, et révélée

par cette jeune délivrance,
dans le pourpre impur étoilée;
noyau neuf d'une autre souffrance
à l'infini renouvelée!

LE COIN DU FEU

Le chêne brûle lentement...
Je pense aux filles peu rebelles,
pêle-mêles et ribambelles
d'Arabelles, de Mirabelles
qu'autrefois j'aimai follement.

J'ai le regret des faux serments,
du joli jeu de la navette,
des rendez-vous à la sauvette
et des amours à la fauvette...
Le chêne brûle lentement.

Et le cœur me fend bien souvent
quand j'entends, près de l'âtre où fuse
la flamme qui s'amuse et ruse
tant que la bûche pleure et s'use,
le cœur du chêne hurler dans le cœur du vent.

SOUVENIR

Ah! que me voulez-vous, mes amours anciennes,
   toutes pressées autour de moi!
Et pourquoi, toi surtout, jeune fille de Sienne,
   triste, viens-tu, les bras en croix?

Mais si! je me souviens! Auprès du baptistère
   où, des doigts, je t'ai donné l'eau,
à Dieu je crois savoir quelle fut ta prière;
   moi, ce fut à Donatello!

PIÈGES

En mots impurs, tu te débats et tu t'échappes,
éludant de mes yeux la muette prière,
jusqu'à l'heure où je t'enveloppe dans la chape

de mon silence, où j'entends battre tes paupières.
Allumeuse qu'amuse une valse d'étreintes,
tu vas de l'une à l'autre et te gardes entière

jusqu'à l'heure où, reprise, entre mes bras contrainte,
seul je t'étreins, seule enfin, dans ma solitude,
où nos souffles ne font plus qu'une seule plainte.

Ta joie s'enivre de mousseuse plénitude
et ton rire éclatant fuse, pétille et coule
jusqu'à l'heure où j'emprisonne la lassitude

de ton plaisir en ma tristesse, où je te saoule,
avec mille soins infinis, d'une autre ivresse,
telle que je bois à tes yeux les pleurs qui roulent.

Mon silence, ma solitude et ma tristesse
se nouent au thyrse ardent que le désir attise
de t'avoir, autrement qu'en de vaines prouesses,

autrement embrassée, possédée et soumise.

ROCHER À PENMARCH

Ce rocher n'est couvert qu'aux marées de Septembre,
et la vague y déferle une ou deux fois par an.
Chevauchante, elle accourt, et, dans le bond, se cambre,
se lance en gerbe folle, et retombe aux brisants!

De même, notre amour, triomphant des obstacles,
se lance, d'un seul flux, à son point culminant,
s'y accroche un instant, et veut croire au miracle,
mais retombe, et se brise, et s'en va déclinant!

MIDI

Installé à califourchon sur mes épaules,
l'enfant chantonne un air que je connais, de loin.
Il est tellement tassé que ses lèvres frôlent
mon front. J'ai ses menottes dans mes mains.
Il est midi. Là-bas, la tente est comme une arche
d'ombre. La mer se berce. Je ne sais plus si l'enfant
chantonne au rythme de la marche,
si je marche au rythme du chant!

RENONCEMENT

Ô mon rêve, toi qui le peux,
ouvre grand tes belles mains sages
afin de cerner ce visage
comme n'osent mes doigts noueux.

Et ces yeux, où dort une mer
entre ses cheveux d'algues brunes,
tourne-les vers tes yeux de lune
où mon amertume se perd.

Découpés dans un autre azur,
fenêtres sur des paysages
de phantasmes et de mirages
où le bonheur est en lieu sûr,

Tes yeux noieront ces flots changeants
et ces vagues soudain houleuses
dans la vaste paix lumineuse
d'une mer aux reflets d'argent.

Je remets à tes gestes lents,
pour la mouler en chaude argile,
cette figuline fragile
déformée par mes doigts violents.

Elle avait le froid de l'airain
quand je l'ai prise, sans bataille,
une tendresse en les entrailles,
une morsure aux creux des reins.

Mais, en tordant les organsins
d'or et de soie de sa crinière,
des yeux je n'ai vu la prière
ni le cœur battre sous le sein.

Or, je n'avais, pour la guérir
de la blessure et de l'offense,
qu'à renoncer à sa présence,
et te laisser la conquérir.

Ô mon rêve, depuis ce jour,
te voici maître de mes veilles,
si les instants où je sommeille
désormais te semblent trop courts.

Tu n'es plus demi-prisonnier :
Le jour, la nuit, dans la nacelle
fuyez, et que le ciel ruisselle
dans cet amour que j'ai renié.

MÉSANGE

Mon cœur, pris en la mésangette
d'un amour que le doute inquiète,
follement aux barreaux se jette
et regrette sa liberté!

Car il aime la charbonnière,
rouée, hardie et garçonnière,
l'insupportable pinsonnière,
qui se moque du trébuchet!

THÉ

J'ai dit, hier, devant ce thé,
que j'étais, triste vérité!
       menotté,
       ligoté,
       fagoté,
       garrotté!
Mais elle eut l'air très embêté,
comme si c'était là sa veine,
de tenir, faveur incertaine!
un gros ours, au bout d'une chaîne,
débordant d'amour entêté!

PETIT MENU

Petit billet.
Menus souliers.
Petit bouquet.
Menu souper.

Menu fretin.
Petit brochet.
Menu poulet.
Petit vin fin.

Petit poussin!
Petit poulet!
Petit lapin!
Petit minet!

Petits lacets.
Menu, un sein.
Petit corset.
Menu larcin.

Petit matin.
Menu trottin.
Petit train-train.
Menu chagrin!

LA BUISSAIE

Que d'ans il a fallu pour que ces buis géants
dont on nomme le manse atteignent cette taille
et l'obscure épaisseur d'une double muraille
dont l'arc troue le jardin comme un tunnel béant!

Que de patients efforts pour que ce bois rétif
se voûte à force, et s'enchevêtre, et se confonde
au point qu'à la saison des nids, lorsqu'on l'émonde,
on y voit des oiseaux dans le lacis captifs!

De combien de soucis faut-il payer le jour
ou deux rameaux de buis plantés droit face à face
se penchent l'un vers l'autre, et se nouent, et s'enlacent!
Ainsi de toi, de moi, ainsi de notre amour!

ABSENCE

Ta tête, à mon épaule, à l'infime pesée
de l'aile de l'oiseau, lorsqu'elle effleure l'onde,
et ton corps a le creux d'une houle profonde,
mais ton âme? Ô, dormeuse, en mes bras reposée...

Elle s'est échappée, mais sur quelle nacelle,
vers quel monde d'azur encor irrespiré?
Elle s'est envolée, levée sur quelles ailes,
migratrice nocturne au pays espéré?

Ou quel fleuve ignoré la roule à quelle rive?
Ou quel voilier, cinglant vers un bord étranger,
vers un port inconnu où personne n'arrive,
l'emporte, au bout de quel océan sans danger?

Car, si ton front pur ne pèse presque rien,
c'est parce que ton âme infidèle est absente,
de son retour d'ailleurs, chaque nuit, mon attente
s'apaise au battement de ton cœur sur le mien.

LA COMPLAINTE DU MALCONTENT

Elle est la grive de ma vigne,
elle est la nielle de mon blé,
elle est la courbe de ma ligne
et ma serrure sans ma clé!

Reps et satin, rêche et soyeuse,
peau de chamois tannée chagrin,
de ma guarrigue elle est l'yeuse,
elle est l'ivraie de mon bon grain.

Elle est le cheveu sur ma soupe,
Elle est le ver sous mon pommier,
l'arsenic au fond de ma coupe,
le dé pipé sur mon damier.

Plomb et duvet, lourde et légère,
de mon cheval elle est le taon,
de mon champ elle est la fougère,
Argus aveugle pour mon paon.

Elle est Mardochée à ma porte,
elle est l'épine dans mon pied,
l'anévrisme de mon aorte
et la tache sur mon papier.

Ombre et clarté, trouble et lumière,
parente pauvre à mon chevet,
elle est ma croix et ma bannière
et la vipère sous l'orvet.

Elle est ma puce et mon moustique,
elle est la gale et l'acarien,
elle est le pou, elle est la tique
de mon pinson et de mon chien.

Elle est tout ce qui m'empoisonne,
elle est mon bolet vénéneux,
ma ciguë et ma belladone,
elle est mon serpent venimeux.

Mais la vie n'est pas rectiligne,
personne n'est jamais comblé;
la grive chante dans ma vigne,
la nielle est mauve dans mon blé!

Ô TOI...

Ô toi qui n'es pas amoureuse
et qui consens à être aimée
avec, à fleur des yeux, la langueur doucereuse
de l'indifférence charmée,

Sache que cette flamme vive
que tu vois si mal contenue
se nourrit de moi seul, que la foi qui l'avive
est savamment entretenue;

Sache aussi que devant cet âtre
qui s'éclaire au feu de ma croix,
s'il mourait, je mourrais, semblable à Malfilâtre,
de faim, de misère et de froid.

BOUQUETS

En te voyant dans la poubelle,
pauvre bouquet au cou tronqué,
j'ai pensé aux filles pas belles,
à tous les rendez-vous manqués!

J'imaginai les fleurs bien fraîches
et portées ainsi qu'un trophée,
et les filles qui se dépêchent
de leur robe d'espoir attifées.

Et pendant qu'elles réfléchissent
qu'il ne viendra pas, lui non plus,
lentement les fleurs se flétrissent
dans les bras de l'amant perclus.

Las! les beaux bouquets s'en reviennent,
portés comme des parapluies,
et les pas belles se souviennent
que les autres sont plus jolies!

Les bouquets vont à la poubelle,
flétris, cassés, et tout moisis,
et les jeunes filles pas belles
souvent, hélas! y vont aussi!

Seigneur! que la vie est mal faite!
Il suffit d'un bouquet, pourtant,
pour qu'un pauvre cœur soit en fête
et qu'il soit fleuri pour longtemps!

REGRETS

J'avais un champ, une maison,
un verger rempli de pêchers,
des abeilles dans mon rucher
et des barriques dans mon chai,

et ma mère dans ma maison!
J'ai tout perdu, j'ai tout gâché.
Rien n'aurait pu m'en empêcher!
La vie m'a pris au trébuchet,

et je n'ai plus que mes péchés,
mon orgueil et ma déraison,
et que mes deux yeux pour pleurer
ma pauvre mère et ma maison.

BÊTE NOIRE

Le veneur a lancé les chiens sur le gibier.
La meute haletante est sur le sanglier.
« Taïaut! Taïaut! Sur lui! Forcez-le! » Et, sans trêve,
halluciné, je cours parmi des éboulis
de faux serments, de faux amours et de faux rêves,
et des deux mains j'essaie d'arracher ma chienlit!
Trop tard! Il faut payer! Il est temps que je crève!
Satan mène la chasse et sonne l'hallali!

FRUITS

La mûre est trop mûre,
piquée de points blancs,
et sa bouche impure
découvre ses dents.
La bouche est trop mûre,
la mûre est impure!
Moi, je mords dedans!

ROYAUME DÉSUNI

J'en veux à Shakespeare à Milton
de tant de rides sur mon front
de te voir comme au fond de l'eau
et comme aussi du fond de l'eau.
J'ai laid l'entendre et beau le lire
l'Anglais du Roi reste sans lyre
Eurydice à jamais perdue
Eurydice jamais rendue.
Et quand nos doigts se désenlacent
c'est que le temps a mis l'espace
l'Anglais du Roi Shakespeare Milton
entre les rides de mon front
et ta joue lisse quand tu pleures
le gré des ans le fil des heures
entre le su le connaissable
devenu su devenu sable
entre le vécu le vivant
qui revécu redevient vent.
Et ton corps embrasse le mien
comme personne embrasse rien.

L'ALLÉE DES TILLEULS

L'ombre floue du brouillard qui tombe avec la pluie
estompe les tilleuls, efface la muraille
que longe le sentier d'une molle grisaille
        aux lourds festons de nuit.

Une plainte, un doux gémissement qui supplie,
et mes yeux attirés croient deviner la teinte
claire d'un svelte élan lié dans une étreinte
        qui le porte et le plie.

Et ce n'est là, sous les tilleuls, qu'un couple épris;
dans le brouillard, un homme, une femme qui geignent,
si durement leurs corps entremêlés s'étreignent
        contre un pan de mur gris!

Je m'éloigne sans bruit de l'allée des tilleuls,
le cœur tout embrumé d'une vague amertume
et, d'un bâton, scande mon pas sur le bitume
        pour me sentir moins seul!

MES VERTUS...

Mes vertus sont des bonnes sœurs
à la figure composée
qui sous la cornette empesée
voilent un regard obsesseur.

Mes erreurs sont des communiantes
à l'âme inquiète et remuante
et dont le petit corps ronronne
sous l'ample robe qui ballonne.

Celles-là mènent celles-ci
en troupeau plutôt indécis,
vers les endroits où l'on sermonne
tous ces petits corps qui ronronnent,

vers les endroits où l'on pardonne
pour pouvoir faire un paradis!

JEUNESSE DE L'ESPOIR

J'ai déjà largement entamé mon automne
et sens peser en moi un passé bien trop lourd!
Mais je ne connais pas l'usure monotone,
le désenchantement du déclin d'un beau jour.

Je n'ai pas de regrets; bien que mon front grisonne,
je ne souhaite pas commencer à rebours,
car la vie m'a donné ce qu'à tous elle donne,
et la mort me prendra quand ce sera mon tour.

Mais j'ai l'espoir de vivre encor bien des années,
et comme je n'ai pas les pupilles usées,
je verrai des printemps autres que les défunts,

et, comme je n'ai pas les narines pincées,
je sentirai des fleurs riches d'autres parfums
que celui respiré dans les roses fanées!

L'ORPHIE

Je plongeais vers les fonds nocturnes de la mer
    avec une insolite aisance,
par les jardins mouvants de maisons de plaisance
    de béryl et de marbre vert.

Autour de moi fluait le languissant désir
    de souples fleurs aux tiges molles
qui tendaient vers mon corps leurs vulves en corolles,
    mais je fuyais sans les saisir.

Lorsque la mer luisait aux feux phosphorescents
    des noctiluques dans leurs antres,
je voyais des serpents se couler sous mon ventre
    pour chercher à boire mon sang.

Je traversais la transparence de vallons
    grouillant de voraces murènes,
mais la peur n'entrait pas dans mon âme sereine,
    et je les chassais du talon.

Dans des salles de jade en des palais flottants,
    se devinaient les lentes danses
de poulpes enlaçant en d'innommables transes
    leurs tentacules palpitants.

Mais, vers les coraux noirs, j'allais, les mains tendues
        car je savais qu'était gisante,
oscillant sous les fleurs d'anémones vivantes,
        ma perle fine aux fonds perdue.

Ô Perle, entre mes lèvres arrondie et bombée,
        hélas! confiée à d'autres lèvres,
de quel baiser scellé dans une impure fièvre
        à la mer es-tu retombée?

Mère de perle, Ô joyau pur enfin trouvé,
        intact en ta splendeur première,
aux champs marins où seule brille ta lumière
        de laquelle je fus privé,

un flux de joie me berce et me fait défaillir
        quand, brusque, une aiguille cruelle,
une flamme d'argent, s'élançant d'une ombelle,
        alors que je vais te cueillir,

me transperce le cœur. Et tout s'évanouit;
        une brûlure me dévore,
et mon corps balloté remonte vers l'aurore
        qui tue les songes de la nuit.

VÉGÉTAL

Que mon cœur soit dans le vaste cœur de la terre
pour y battre sans fièvre, imperceptiblement!

Que mon âme au secret soit dans le grand mystère
du monde, et n'y soit plus qu'un souffle bruissant!

Que mon front soit baigné de toutes les rosées
et s'illumine de leurs feux adamantins!

Que mes lèvres, buvant aux fraîches graminées
y perdent leur spongieuse âpreté des matins!

Que mes yeux soient lavés des taies et des poussières,
guéris de la chassie qui gêne leur vision!

Que mes yeux, grands ouverts à toutes les lumières
lustrales, laissent entrer en eux les horizons!

Que j'entende monter la sève et pousser l'herbe,
germer le blé, couler de souterrains ruisseaux!

Ou que mon corps entier ne soit plus qu'une gerbe
couchée, le fût vivant d'un sapin, un morceau

de terre, un pan de ciel, une eau, une dentelle
de vague, une rosée, une chose, éblouie

ou bien éblouissante, qui vibre et qui pantèle
sous le soleil et dans le vent, épanouie

pour être belle et pure, et mourir, et renaître
de la terre, du ciel, du soleil ou du vent,

sans penser, ni souffrir, et sans se savoir être,
même objectivement ou végétalement!

MARÉZALO

Les étangs de mes grands domaines,
le grand vent sur les hautes plaines,
la Dordogne et sa terre glaise,
le chardonneret du mélèze
le genévrier du bouvreuil,
le père Malleret du Breuil,
et les grands jours de mes semaines,
et toutes les vieilles rengaines :
Marézalo, Bécavélus
Onabéro! Tous révolus,
domptés, comblés, morts, abattus!
Ailleurs qu'en moi ils ne sont plus!
En moi seul reste le malaise
du grand vent dans le grand mélèze!
Et tout seul je porte le deuil
du chardonneret, du bouvreuil,
du père Malleret du Breuil!

EYGURANDE

Il est un coin de terre où j'ai toujours dix ans.
C'est un bourg de montagne où, le soir, les clarines
tintent fin, balancées par un troupeau pesant
de vaches et de bœufs de race limousine.

Je suis sec et vieilli et m'en vais ahanant,
mais s'il subsiste en moi un fil d'eau qui chemine
sous ces dessèchements, c'est grâce aux rus et rands
qui coulent dans le nom d'Eygurande-Merline.

Là-haut, je n'ai jamais cessé d'être l'enfant
qui connaissait les nids dans les haies d'aubépine
et courait la charrière et les chemins errants.

Là-haut, sous le mélèze, au flanc de la colline,
dans le cœur de tous ceux qui sont encor vivants,
je jouis d'être jeune, impérissablement.

SAUVAGINE

Des roseaux, l'effarvate a lancé, en sourdine,
l'appel ténu qui va réveiller la futaie.
Lentement, le jour point. Il tombe une ondée fine
qui fait bruire doux toute la phragmitaie.

Nous sommes venus là chasser la sauvagine,
et c'est l'heure à laquelle on sait qu'elle apparaît.
Râle, foulque, colvert, sarcelle, bécassine
sont morts au bout de nos fusils. Chacun se tait.

Une risée frise l'étang, et l'on devine
dans les laîches, les joncs, plus loin, dans la ravine
le vague mouvement des envols préparés.

Brusque cri rauque et zigzag fou : la bécassine!
Sauvagement, c'est ton envol qu'on assassine,
Oh, chevalière! oh! sauvageonne des marais!

ALGUES

Levantine ou velours
mollement violentées
lasses d'être lascives
alanguies moribondes
ou pataudes pouliches
aux riches relevailles
captives délaissées
et reprises toujours
par l'inquiet tyran
à l'amour traversé
d'un flux de jalousie
dont il renaît toujours
elles pleurent couchées
et chétives des larmes
écrasées et perdues
parmi tant d'autres larmes
d'où renaît leur amour.

TREMBLEUSE

Blanche fleur de dune, Ô trembleuse,
qui fleuris aux sables mouvants,
si menue, fragile et frileuse
que tu frémis au moindre vent,

j'avais vu hier ta collerette,
sur le chemin du grand Pardon,
qui s'ouvrait là, fraîche et simplette,
si claire, au milieu des chardons.

Je m'étais dit « Elle est si frêle!
Sera-t-elle encor là demain? »
Toute la nuit, le vent, la grêle
ont fait rage. Pourtant ce matin,

sous un chardon, toujours trembleuse,
toujours frileuse au moindre vent,
frissonnante mais courageuse,
tu es là, symbole émouvant!

SANGUINE

Chrysogone fuyait, frémissante et craintive,
le lac étincelant et ses troubles odeurs,
froissant le sable fin dans sa course hâtive,
et molle, cependant, d'une étrange langueur.

Seule, elle se baignait dans l'onde matinale,
attentive, anxieuse au moindre tremblement,
lorsqu'il s'était jeté du haut du ciel gris-pâle,
et l'avait encerclée d'un grand scintillement.

Elle avait ignoré son amoureux dessein,
folâtré près de lui, joué dans sa lumière,
aimant à le sentir attardé sur son sein
ou courir sur son front en frôlant sa paupière.

Et puis, troublée soudain, pénétrée d'une ardeur,
défaillant au baiser qui lui mordait l'épaule,
cachant entre ses bras sa gorge au séducteur,
elle s'enfuit, honteuse, et penchée comme un saule.

Mais, là-haut, radieux, prétentieux, vermeil,
il savait qu'elle était enceinte du Soleil!

III

SAUTES D'HUMEUR

LE CANTOUR

Moi qui chantai la cantilène
des dames hautes de la cour
qui furent pendues haut et court
parmi ribauds et tire-laine
les yeux en pleurs et le cœur gourd
moi qui chantai la cantilène

Moi qui vis Henri aux Tournelles
connus Ann et Lady Seymour
pour qui leur royal paramour
me commandait des ritournelles
disant sa mort du mal d'amour
moi qui vis Henri aux Tournelles

Moi qui courus la prétentaine
au hasard des lieux et séjours
que chez moi l'on croyait majours
avant comme après la trentaine
du matin au soir de mes jours
moi qui courus la prétentaine

Las il y a belle lurette
qu'halbrené comme un vieil autour
au gré des vents des vieilles tours
j'ai rengainé les turlurettes
et chanterelles du cantour
las il y a belle lurette.

VALSE HEUREUSE

Rose béryl ou tourmaline,
bleu turquoise ou mauve lilas,
mousselines et crinolines,
cerceaux, paniers et falbalas,

dansez, valsez la valse heureuse,
tourbillonnez comme un essaim,
valsez, dansez la langoureuse
au son grêle d'un clavecin!

J'ai tant valsé cette câline
j'ai tant dansé par-ci, par-là,
que mon cœur bat la mandoline;
j'ai tant tourné que je suis las!

Dansez toujours la valse heureuse
au son grêle d'un clavecin,
crinolines et mousselines,
cerceaux, paniers et falbalas,

hélas! je n'ai plus d'amoureuse,
et j'ai par contre un médecin,
je travaille sous l'opaline,
et je ne valse plus, hélas!

LE MARCHAND DE MUSIQUES

Allez! Boum! Fini la musique!
A ma musette un muselet!
Allez! Boum! Je vends des ziziques
à vos enfants pour s'amuser!

Pour musiquer la musiquette
il ne faut pas trop musarder!
Allez, musard! Allez, mazette!
Qui refuse a toujours musé!

A ton museau mets la musette
et du zèle à tes sons ailés!
Si ton père prend l'amusette
c'est afin de la museler!

Voici l'amusoire à musique!
Qui n'oserait se hasarder?
A deux sols voici des ziziques
plein ma musette à bazarder!

MOISSONNEUR

Il chante, et sa chanson l'entraîne
jusqu'au plein cœur de la moisson.
La terre et le ciel font la chaîne
jusqu'au plein cœur de sa chanson.

Le blé de sa chanson s'égrène,
va germer aux quatre horizons.
Les horizons diront sa peine
en chantant du blé la chanson.

Les horizons diront sa peine,
et la joie de sa cargaison,
et son orgueil, lorsqu'il ramène
son champ de blé dans sa chanson!

CHANSON DE LA FÉE

Une fée qui pleure
au bois esseulée,
et je l'ai, sur l'heure,
pas mal consolée!

Une fée qui m'aime,
bien qu'elle soit fée,
je l'ai tout de même
pas mal dégrafée!

Chant dans la nature,
concert crescendo,
là-haut la ramure
n'a vu que mon dos!

D'un coup de baguette
elle m'a frappé,
et je suis poète,
et bien attrapé!

LA DENTELLIÈRE

J'ai vu d'abord sa pertuisane,
son casque de métal poli,
puis, sur la selle de basane,
les yeux baissés, je l'ai vu, lui!

Je l'ai vu, pauvre paysanne,
dans son arroi fier et hardi,
et j'ai posé ma cartisane,
et je ne sais ce qu'il m'a dit!

Et bien que je sois partisane
et bien qu'il soit notre ennemi,
ainsi qu'une humble courtisane,
je lui ai souri, l'air soumis!

CHANSON

J'ai rencontré trois jouvencelles
sémillantes du troussequin
et j'ai fouillé à l'escarcelle
sans y trouver sol ni sequin.

Sottes linottes, ces pucelles
se sont gaussé de mon frusquin.
Je n'ai cheval, rênes, mancelles
ni litières à baldaquin,

Mais saurais monter triple selle
sous courtines à lambrequins
sans pour autant que j'y chancelle
ou transpire du casaquin.

GRENOUILLES À PONT CHRIST

Sur les lunes d'eau
et les martagons,
et sur les roseaux
de l'étang sans fond,

les gouttes de pluie,
piquant en frelons
font un clapotis
de leurs drus grêlons.

Dans leurs robes vertes
à filets marron,
les cuisses ouvertes
et le ventre rond,

bouddhas acrobates
sis à croupetons
dont les gorges battent
dessous le menton,

toutes les grenouilles
de l'étang sans nom
sous l'ondée qui mouille
chantent un canon.

Sur la grenouillette,
leur donne le ton
le roi des rainettes
de son baryton.

Chantant à tue-tête,
en enflant le son,
toutes guillerettes
leur seule chanson

simplette et sereine,
au bruit qu'elles font,
on croit que les raines
ont un orphéon!

La pluie tombe alerte
sur le chœur profond
des grenouilles vertes
de l'étang sans fond!

SORCIÈRE

I

Aiguillonnant son paillasson
avec une longue fourchette,
elle vogue à califourchette
sur cet insigne canasson.

Zigzaguant sur la haridelle
   au crin dur,
elle supplie les hirondelles
de faire une ronde avec elle
   dans l'azur!

II

Abandonnant tout le fatras
de ses cornues, de ses matras,
elle s'arme d'une baguette
et se met, toute guillerette,

à frapper les os des squelettes
   en pendant,
tout en dansant aux castagnettes
des tibias et des phalangettes
   et des dents!

HO, VAQUERO!

Le lalique de mon bureau,
ce bison de cristal unique,
m'emporte au fond de l'Amérique,
au dur pays des vaqueros!

Hop! à cheval! mine hautaine
et grand air de desperado!
le revolver pris dans sa gaine,
gants, broderies et sombrero!

Dans un tonnerre de sabots,
galopent à travers les plaines
et galopent à perdre haleine
les mille bêtes du troupeau!

Et la joue contre la têtière
de mon cheval au grand galop,
je domine la masse entière,
la houle bossue des garrots!

Galope à travers l'Amérique,
avec les rudes vaqueros,
à cheval sur mon fier lalique,
le grand rêve de mon bureau!

CHANSON

La chèvre de Monsieur Seguin
dans le clos tourne, tourne, vire.
Le brave homme est aux cinq cents coups
et dévoré par le chagrin.
A croir' qu'elle a bouffé du loup,
bon sang d'bonsoir, tant elle tire,
la chèvre de Monsieur Seguin!

La chèvre de Monsieur Seguin
soudain s'arrête, hume et respire,
et son cœur de chèvre chavire,
car elle a vu, par le regain,
venir le bouc fier et sanguin
dont a follement le béguin
la chèvre de Monsieur Seguin!

CHANSON DE L'OUBLI

Où donc t'en vas-tu, fillette,
vendre tes oublies,
pendant que, dans l'oubliette,
las, je ne t'oublie!

Où donc t'en vas-tu, fillette,
vendre tes plaisirs,
pendant que, dans l'oubliette,
j'ai faim de plaisirs!

Ah! vas-t'en, vas-t'en seulette,
vendre tes oublies,
pendant que sur la sellette
las! je ne t'oublie!

Car si tu ne vas seulette
vendre tes plaisirs,
je n'aurai sur la sellette
le cœur qu'à mourir!

DIALOGUE SUR LES MORTS

Tu ne sais où est né Racine
et, ... ne prends pas cet air narquois!
Ta chemise? Dans la piscine?
Tu t'en moques comme de quoi?

Et Shakespeare? le grand Shakespeare?
On ne dit pas chaque, on dit ché-
kspir; tu t'en quoi? voilà bien le pire!
Annie, cet enfant est bouché!

Racine à la Ferté-Milon,
Shakespeare à Stratford sur Avon,
et moi, qui suis natif de Bort,
je cravache des chevaux morts!

LUNE

Tous les bayeurs, les rêveurs, les poètes,
les amoureux et les simples d'esprit,
les innocents aux mains vides, à la tête
légère, gens ici-bas fort incompris,

n'ignorant pas que, sur notre planète,
ils ne rencontrent partout que mépris,
jugés qu'ils sont selon la règle honnête
qui fait dépendre la valeur du prix,

depuis longtemps élisaient domicile
dans la lune où, sans être trop heureux,
ils découvraient un indulgent asile
pour leur vague à l'âme et leurs songes creux!

Ils y montaient sans effort ni missile
d'un seul coup d'âme ou de cœur ténébreux,
pierrots blafards sur un rayon docile,
emportés loin de nos chemins scabreux.

Ils ont tant vanté la douceur lunaire
et l'ont tant chantée, depuis Cyrano,
qu'hélas! est venue l'angoisse stellaire
et l'envie de voir ce qu'ils font là-haut!

La science a voulu percer le mystère
lyrique en ses refuges sidéraux;
quand les Terriens auront quitté la Terre,
les Séléniens vivront à Landerneau!

AIR DES RAMIERS
(Légende limousine)

Là-haut, dans le feuillage,
il y a deux ramiers,
deux beaux pigeons sauvages
qui fuiront le ramier.

Sous ta robe à ramages,
il y a deux ramiers
qui, bien que fort sauvages,
restent au pigeonnier.

Je dirai à mon page
de prendre les premiers
et de les mettre en cage
dedans mon colombier.

Mais n'aurais le courage
de mettre prisonniers
les deux qui font ménage
en ton doux pigeonnier.

Je pourrais, en hommage
au seigneur, te prier
de m'ouvrir ton corsage
et de me les bailler.

Je pourrais au saccage
mettre ton pigeonnier,
car j'ai droit de cuissage
d'Ussel à Eymoutiers.

Te sachant fille sage,
je ne te veux convier,
au vil concubinage
par d'autres envié.

Bien qu'étant homme d'âge,
et toi fleur de pommier,
je t'offre en mariage
tous mes biens par moitié.

Par ma foi, je m'engage
à mettre à mon cimier,
de mon amour le gage,
deux fiers pigeons ramiers.

Car, lors, j'aurai l'usage,
au logis pavoisé,
de deux pigeons sauvages
aux mains apprivoisés!

CROISADES

Pour Damas ou Constantinople
ils partaient en arroi guerrier,
portant azur, vair ou sinople
sur l'écu ou le bouclier.

En regardant partir leur maître
et haut seigneur pour les lieux saints,
elles pleuraient à la fenêtre
et faisaient des signes de main.

Ils s'en allaient faire la guerre,
pères et fils et beaux neveux,
portant la croix et la bannière,
ralliés au cri de « Dieu le veut! »

Et dans les beaux châteaux de France
les gentes dames s'ennuyaient,
s'ennuyaient moins qu'on ne le pense,
pendant qu'ailleurs ils guerroyaient.

Devant Antioche et la Chamelle
ils pourfendaient les Sarrazins,
et pourchassaient les infidèles
jusqu'au pays de Saladin.

Et, là-bas, maîtresse et servante
accueillaient les doux troubadours
dont les chansons et les sirventes
disaient si bien le mal d'amour.

Et lorsqu'après dix ans d'absence,
pas tous, quelques-uns seulement,
regagnaient le pays de France,
fourbus, navrés et grisonnants,

elles pleuraient à la fenêtre,
le cœur bien lourd et repentant,
en voyant revenir leur maître,
en voyant partir leur amant!

VOGUE LA GALÈRE

Des bruits de sanglots,
des bruits de grelots!
La mort est amère,
la vie éphémère!

Sur la mer légère,
vogue la galère!
Tout au fond de l'eau,
roule, matelot!

VOILE

Quand je vois, sur le Morbihan,
d'un Sinagot l'ample voilure
virer au vent par le travers,
je voudrais donner à mon vers
la même grave et belle ailure
et le rythme de l'Océan!

JEUNE FILLE

1

Ecrasée sur la grève
au néant du sommeil,
la jeune fille rêve
qu'elle a pour vêtement
un fourreau de soleil,
une écharpe de vent!

2

A côté de sa mère,
courtaude bayadère,
la jeune fille en tige,
collée d'un pantalon,
semble avoir le vertige
du haut de ses talons!

3

Sous un fichu de calicot
une gerbe d'or étincelle,
et dans les épis qui ruissellent
deux yeux bluets, une bouche coquelicot.

CURÉ BRETON

Du regard, avant le sermon,
il embrasse ses paroissiennes
et se dit que les Parisiennes
dans trois semaines s'en iront.
Lors, fixant les coiffes sévères,
tristement, il pense à l'hiver.

REVANCHE

Sur le remords d'Achille vole très vite
et ne nie le mouvement qu'en Thersite,
cette flèche, Zénon d'Elée,
par laquelle Penthésilée
est cruellement exilée
vers d'autres sites!

*
* *

Souriants, bien qu'un peu jaloux,
Dieux et Héros se font des signes,
et s'approchent à pas de loup
pour voir Léda plumer le cygne

*
* *

Quand de pluie d'or sa bourse est pleine,
Acrisios sort, sûr de son droit.
Mais Danaé, tout près de l'aine,
cache une goutte au bon endroit!

*
* *

> Figé sur le sol
> à la voir si belle,
> il se mue près d'elle
> en pin parasol!

*
* *

Tel est son charme qu'aux enfers
Minos, Eaque et Rhadamante
veulent acquitter mon amante
et se demandent comment faire!

*
* *

Eve mange la pomme, et laisse le trognon.
Voyant Adam furieux de se mettre la tringle,
elle pique une fleur au nœud de son chignon,
comme au bout de mon vers une rime s'épingle.

*
* *

Le puant Philoctète eût-il pris Netodor
qu'il n'eût point vécu seul si longtemps dans une île,
et que, l'arc d'Héraklès devenu inutile,
Ilion ne serait peut-être prise encor !

★
★ ★

Si jamais Dalila avait aimé Hercule,
le Travailleur tondu n'eût craint le ridicule.
Mais si jamais Omphale avait aimé Samson,
la toison du colosse eût fait un paillasson !

★
★ ★

Par horreur du vers blanc,
un Prométhée poète
voudrait un gypaète
pour lui ronger le flanc !

★
★ ★

On récolte ce que l'on sème,
et la pluie chasse le beau temps!
Il pleut. Tant mieux! puisque l'on s'aime,
on récoltera tant que tant!
Et le beau temps viendra quand même :
Après la pluie vient le beau temps!

★
★ ★

GRAMINÉE

Tous deux, tout seuls dans notre asile,
lisant ensemble du Virgile,
elle parut fort étonnée,
tout contre moi pelotonnée,
que je la compare au dactyle,
ma svelte et souple graminée!

★
★ ★

A me montrer sauvage et brusque
si l'on se plaint que je m'obstine,
on ne sait point
que ma rose est une églantine
et que ma vigne est un lambrusque
quand tu es loin!

★
★ ★

« SUNT LACRYMAE... »

Chaque jour amène sa peine
et nos yeux sont faits pour pleurer.
S'il est des larmes pour nos peines,
alors, pleure, pleurons, pleurez!
Même si nos larmes sont vaines,
il est humain de s'en leurrer!

★
★ ★

HONEST IAGO

J'ai bien péché, Seigneur! dans la concupiscence
je me suis bien vautré! Et je fais pénitence
    et veux être châtié!
Des dévots à la chair méprisable, des cagots,
des bigots et de tous les honnêtes Iagos,
    Seigneur, ayez pitié!

*
 * *

POÈTE MAUDIT

Poète maudit, tu grimaces,
tu ricanes, tu prends à l'aigre
    la vie!
Maudit poète, tu m'agaces
car elle est claire, alerte, allègre,
    la vie!

*
 * *

TARTUFFE

> Entre la grille de ses doigts
> voyant tous les plaisirs du monde,
> la sueur du désir l'inonde ;
> âprement il se le reproche,
> mais pas à pas, il se rapproche
> en faisant des signes de croix !

★
★ ★

FATALITÉ

L'heure de nos orgueils proche d'être passée,
nous revenons à toi, déesse délaissée !
Car, sans toi, nous flottons dans l'absurde irréel
de nos identités, de nos choix illusoires,
des vérités ridiculement provisoires
d'un monde gouverné par un idiot cruel !

146

La morale est un luxe, et le bien souverain
est la chasse gardée des estomacs bien pleins.
On s'offre la vertu comme un déjeuner fin;
on réserve sa table au royaume des fins
où l'on est entre soi, entre gens de bien bien.
Dieu soit loué, les gens pas bien meurent de faim!

*
* *

Une sève imprévue monte dans les rameaux
secs de ce vieux pommier qui fleurit en automne.
Que d'insolites renouveaux
nous désarment et nous étonnent!

*
* *

Merlin est vieux, et son angoisse s'ingénie
à douter de Viviane et d'un fidèle amour.
Mais la fée sait les mots qui les lient sans retour:
« J'ai du charme, dit-elle, et Merlin du génie! »

Pars donc sans hésiter, tu n'as rien à me rendre
Mon cœur est grand seigneur et s'estime acquitté.
D'ailleurs, le voudrait-il, qu'il ne pourrait reprendre
ce que tu n'auras plus quand tu m'auras quitté.

*
* *

Pour charmer la femme qu'on aime
on se change à son bon plaisir,
et, pour peu qu'elle en fasse autant,
chacun éprouve, en se quittant,
qui permet de se ressaisir,
le bonheur d'être enfin soi-même —

*
* *

Laissant mon cœur à la maison,
si je brûle de mille flammes,
si, regardant les autres femmes,
j'établis des comparaisons,
c'est que la paix est dans mon âme,
que j'ai recouvré la raison —

*
* *

148

« Je t'aime, tu sais bien! Pardon! Vois, j'ai pleuré! »
Elle a pleuré, c'est vrai! ses pleurs étaient sincères.
Prends garde, cependant! son but étant de plaire
par tous moyens, le doute t'a-t-il effleuré
que sa langueur, ses yeux noyés viendront parfaire
le piège à l'autre amour, après t'avoir leurré?

★
★ ★

Si je t'enferme en mon malheur,
que tu vives dans cette cage,
qui donc a le plus de courage
de l'oiseau ou de l'oiseleur?

★
★ ★

Un parfum vulgaire, entêtant,
lourd de stupre et de vice,
rappelle à mon esprit, pourtant,
le svelte élan des lys!

★
★ ★

Avant d'entrer dans les ténèbres du tombeau,
Goethe, même s'il veut qu'on ouvre la fenêtre
ne peut pas ne pas vouloir aussi que pénètre
plus de lumière en tous, qu'on prenne son flambeau!

★
★ ★

Chaîne à grelots du ciel,
fil à plomb du soleil,
Alouette, Ariel,
meurs en mes doigts vermeils!

★
★ ★

La chaîne, sur le treuil,
gémit et dégringole,
et le puits qui somnole
bâille, avant d'ouvrir l'œil.

★
★ ★

A mes enfants, je conterai le drame
épouvantable du fesse-mathieu
qui découpa une cuisse-madame
et la mangea dans un croque-monsieur!

*
* *

La vie n'est qu'un vain mot qui veut dire ignorance
je suis et je deviens, je me crois harmonie,
je me saisis vivant, réel, intelligence,
et mon imperfection à chaque instant me nie.

*
* *

Que la vie m'ait menti, du lever au couchant,
m'amène à m'enfermer enfin dans mes limites,
à rêver d'un logis pour nouveaux thélémites,
avec deux plaques : « Au bon accueil » et « Chien méchant ».

*
* *

J'allais voler, dans la vigne de mon voisin,
des grappes à coup sûr plus belles que les miennes,
lorsque, sur l'arcadou de la haie mitoyenne,
je l'ai vu qui venait marauder mes raisins.

★
★ ★

Homme et rimeur plus qu'imparfaits,
lucide, sur ton lit de mort,
fais rimer mort avec remords.
Ce sera le moment ou jamais!

★
★ ★

TABLE DES MATIERES

——————— Imprimé en France ———————
TYPOGRAPHIE FIRMIN-DIDOT ET Cᵉ. — MESNIL (EURE). — 1028
Dépôt légal : 4ᵉ trimestre 1965.